OBSERVATIONS

SUR QUELQUES ASSERTIONS

DU

DISCOURS DE M. BOURRIENNE

SUR LE BUDGET DE 1816;

PAR ARMAND SEGUIN.

A PARIS,

Imprimerie de P. GUEFFIER, rue Guénégaud.

MARS 1816.

OBSERVATIONS

SUR QUELQUES ASSERTIONS

DU

DISCOURS DE M. BOURRIENNE

SUR LE BUDGET DE 1816;

Un conseiller-d'État, un membre du conseil privé du Roi, qui, non comme organe d'une commission, mais comme individu, soutient publiquement des principes opposés à ceux qui sont proclamés, au nom du Roi, par ses dignes et respectables commissaires, ne donne-t-il pas la preuve la plus évidente du peu d'influence, et de la latitude de liberté, qui existent dans les discussions sur les finances ?

S'il est bien certain que, en s'appuyant sur des principes proclamés au nom du Roi, on a l'avantage d'éloigner de soi toute inquiétude sur la possibilité d'erreur, on doit présumer que M. Bourrienne, se déterminant à émettre publiquement son opinion, avoit une conviction intérieure plus qu'ordinaire.

Malheureusement, il n'est que trop fréquent, dans une position si remarquable, de voir trouble à force de voir trop loin.

Après avoir mis de côté la loi du 23 septembre, M. Bourrienne veut la consolidation, au pair, des cinq cent millions de dettes arriérées, et des cent millions de la taxe extraordinaire du 16 août.

Ayant, dans un précédent écrit, discuté les résultats de ces dispositions, je me bornerai, dans celui-ci, à combattre les conséquences qu'en déduit M. Bourrienne.

En parlant de la loi du 23 septembre, M. Bourrienne dit :

« Quelle loi de finance un 20 mars ne renver-
» seroit-il pas ? »

« Ce n'est pas la commission, ce sont les évé-
» nemens qui ont rapporté cette loi ; car ils en
» ont détruit la base. »

MM. les commissaires du Roi ont démontré, par des calculs exacts, le peu de solidité de cette assertion.

Mais, d'ailleurs, en s'étayant sur de tels motifs, ne pourroit-on pas bientôt pousser les conséquences jusqu'au point de dire que le 20. mars a également renversé la Charte? Car, malheureusement, il existe dans l'état de la France une bien grande différence entre le moment actuel et celui où elle nous a été accordée.

En principe, toute loi de l'Etat qui n'est pas modifiée dans une forme régulière devroit avoir tout autant de fixité que la charte elle-même; autrement chaque renouvellement de législature, apportant nécessairement quelque différence dans les impressions, nous mettroit promptement dans la position de l'Homme entre deux âges.

Pour prouver que la loi du 25 septembre doit être considérée comme non-avenue, par cela seul qu'aujourd'hui son système ne seroit plus entier, M. Bourrienne dit:

» Tout se lie, dans un plan de finances. Si » l'une des bases s'écroule par des événemens » imprévus, tout l'édifice est renversé. »

Quoi, celui qui auroit donné sa maison pour

gage pourroit, parce que les flammes en auroient
anéanti une foible portion, vouloir réserver le
reste, sous le prétexte, aussi vague dans sa géné-
ralité qu'inapplicable à l'espèce, que tout n'est pas
dans le même état?

» Ce n'est point, ajoute M. Bourrienne, rap-
» porter une loi de finance, que de remplacer
» des dispositions inexécutables de cette loi, par
» d'autres dispositions. »

A qui espère t-on persuader qu'il y a similitude entre un acquittement qui, à l'échéance
déterminée, doit s'effectuer en écus, et un acquittement dont le remboursement ne peut se réaliser
que par négociation, et au cours de la place, qui,
en ce moment, comporte une perte de quarante
pour cent?

Après avoir soutenu la légitimité de la consolidation des six cent millions de dette, M. Bourrienne ajoute :

» Il est temps de rendre à la circulation cette
» masse de capitaux qui la vivifieront, qui accroî-
» tront nos produits, répandront par-tout l'abon-
» dance, et, en facilitant le payement des im-
» pôts, deviendront eux-mêmes une nouvelle
» matière imposable. »

Il faut que l'imagination de M. Bourrienne soit encore bien vive pour l'entraîner dans une telle illusion, car je ne puis admettre que, par quelque motif que ce soit, il ait l'intention d'en faire aux autres.

A qui, en effet, parviendroit-on à persuader qu'une simple inscription sur le grand-livre augmente les capitaux et la circulation? On a peine à croire que l'on puisse s'étayer sur de tels espoirs de bonification.

Après avoir si amplement usé de la ressource du grand-livre, M. Bourrienne dit :

» Certes, il n'est pas difficile de remplir le
» vide quelconque dans les recettes, par une
» émission de rente; mais c'est précisément parce
» que cela est si facile, qu'il faut n'en user qu'avec
» discrétion et lorsqu'on n'a plus d'autres
» moyens. Cette vérité, qui en est une pour tous
» les États, l'est particulièrement pour la France
» qui a si étrangement abusé du crédit et de la
» confiance depuis vingt-cinq ans, et qui a sans
» cesse cherché de nouveaux moyens de faire
» banqueroute, lorsque ceux qu'elle avoit em-
» ployés étoient usés. »

Puisqu'on a prononcé le mot banqueroute,

(8)

l'inscription sur le grand-livre, au pair, n'en
seroit-elle pas une bien caractérisée ?

En parlant des biens des communes, M. Bourrienne dit :

« Il est de toute justice de retrancher de la loi
» du 25 septembre les biens des communes
» échappés à la loi spoliatrice du 20 mars 1815,
» à cette loi rendue par la tyrannie expirante,
» conseillée par quelques hommes qui, sentant
» échapper les dignités et le pouvoir dont ils
» avoient si indignement abusé, eussent vendu
» la France pour les conserver ; qui, voyant
» prêt à fondre sur leurs têtes coupables l'orage
» qu'avoient provoqué leurs dégoûtantes folies,
» leur délirante ambition et leur odieuse ty-
» rannie, prodiguoient, pour le conjurer, et le
» sang et les trésors de la France. »

Une telle diatribe, en lui supposant même
quelque nécessité, ne peut certainement pas
être taxée de pécher par trop de charité chré-
tienne.

Bon La Fontaine, pouviez-vous prévoir que
votre apologue de la Besace auroit dans l'avenir
de si justes applications !

En parlant des craintes que peut faire concevoir, sur le cours des rentes, une trop grande émission, M. Bourrienne dit :

« Lorsqu'en 1813 le gouvernement anglais,
» sentant la nécessité de faire un grand et dernier
» effort pour renverser le colosse déjà ébranlé,
» fit un emprunt de quinze cent millions de
» francs, s'est-il inquiété si la création simul-
» tanée de soixante-dix millions de rente feroit,
» ou non, baisser les rentes existantes? »

Ici, il n'existe aucune similitude, ni dans les positions, ni dans les conséquences.

Quelle similitude y a-t-il, en effet, entre la nécessité de terrasser un ennemi dangereux, et l'intention de payer un créancier à qui on a promis son payement?

Quand le feu est à la maison, on craint peu de gâter les meubles avec l'eau dont on se sert pour l'éteindre.

Quelle similitude, sur-tout, y a-t-il entre un payement et un emprunt?

Par cela seul qu'un emprunt se remplit, le mal à craindre par l'émission est nul. Ce résultat est d'autant plus marquant en Angleterre, que tous les prêts au gouvernement se font par des compagnies presque toujours en état de maîtriser le cours.

Depuis quelque temps, dans les discussions de finance, les heureux résultats de l'Angleterre sont faussement appliqués à notre position.

Ce n'est pas parce que l'Angleterre emprunte, qu'elle a du crédit ; c'est parce qu'elle a du crédit qu'elle peut emprunter.

Elle a du crédit, parce qu'elle remplit fidèlement tous les engagemens qu'elle contracte ; parce que, en fait de dispositions de finance, elle ne regarde jamais derrière elle.

Le mot crédit, accolé à toute autre conduite, est vide de sens, et ne doit être considéré que comme le résultat de l'imagination.

Le crédit de l'Angleterre est tel, que toutes les fortunes particulières finissent par s'assimiler, se fondre avec la sienne ; aussi, pour remplir ses engagemens, ne craint-elle pas les sur-taxes, ce n'est pour elle qu'un revirement.

Voilà ce qui constitue la force de l'Angleterre ; en remontant à la source, on voit que sa scrupuleuse exactitude à remplir ses engagemens est le premier anneau de la chaîne.

Le numéraire lui manque, entend-on dire quelquefois. Pour son intérieur, elle n'en a pas besoin, la communauté des intérêts de chacun de ses membres y supplée; pour ses rapports extérieures, la prospérité de son commerce, suite nécessaire de cette communauté d'intérêts, et dont la balance est toujours à son avantage, lui fait soutirer plus de numéraire que n'en exigent ses besoins.

La plus réelle suprématie de l'Angleterre réside donc dans sa scrupuleuse fidélité aux engagemens qu'elle contracte.

Le seul moyen de la ruiner, et peut-être, par suite, de la bouleverser, seroit de lui faire manquer, maintenant, une seule fois à ses engagemens.

L'extravagant qui prophétisoit, avec tant d'emphase, sa chute, n'auroit dû songer qu'à ce moyen, si, par ses intrigues et son machiavélisme, il eût été praticable.

ARMAND SÉGUIN.